U0021707

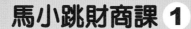

馬小跳財商課 **1**

貨幣的起源

楊紅櫻

著

馬小跳一家人

馬小跳

一個有情有義、有擔當的小小男子漢，想像力十足，最可貴的是，他有著一雙善於發現問題根源的眼睛，以及一顆求知慾旺盛的好奇心。

丁蕊

馬小跳的媽媽，富有時尚精神的櫥窗設計師，擅長傾聽孩子的心聲，是一個即使活到 80 歲也會像個小女孩一樣天真的美麗女人。

馬天笑

馬小跳的爸爸，知名的玩具設計師，從未忘記自己是怎麼長大的……。因此當馬小跳遇到煩惱時，他總能為兒子排憂解難。

馬小跳的好朋友們

毛超

馬小跳的好朋友，雖然十句話裡有九句都是廢話，但因為親和力超強，所以是馬小跳身邊的「首席外交官」。

張達

馬小跳的好朋友，表達能力略遜，但因為有著一雙飛毛腿，行動力超強，所以成為馬小跳身邊的「首席執行官」。

唐飛

馬小跳的好朋友，見多識廣，遇事沉著冷靜，是馬小跳身邊的智多星。

夏林果

馬小跳心中的女神，從小學習跳芭蕾舞，是聞名全校的「芭蕾公主」。

路曼曼

馬小跳的同學，因為剛好坐在馬小跳旁邊，所以她最大的嗜好就是管馬小跳，也因此，她和馬小跳幾乎每天都會爆發「戰爭」。

　　有一種東西，我們每天都離不開它。你吃的每一口食物、穿的每一件衣服、讀的每一本書和玩的每一個玩具都需要拿它交換。爸爸媽媽每一天出門上班也都是為了獲取它。有的人拚盡全力追逐它，將它看作是幸福人生的唯一來源；也有人厭惡它，把它視作萬惡之源。但不管怎樣，人們的生活、國家的運轉，甚至整個人類世界都已經離不開它。不過，它又不能換來某些東西，比如愛……。

　　它不是自然的產物，而是人類的發明，與人類數萬年的漫長

歲月相比，它的年齡並不算大。浩瀚的歷史長河中，在不同的時間、不同的地方，它擁有不同的模樣。在約五千年前的美索不達米亞，它是刻有幾何圖形的黏土板；在中國的殷周時代，它是美麗的貝殼；在西太平洋的雅浦島上，它可能是重達幾噸的石頭；在西非的某個時期，它是便於攜帶的玻璃珠。而現在，它可以透過紙張做為載體，也可以被存放在一張一張的塑膠卡片裡。甚至有時候，它還會變成電腦裡的一堆 0 和 1⋯⋯。

我們所有人都在使用它，但絕大多數人搞不清楚它究竟是從哪兒來的？

它，就是人們經常提到的「錢」，也有人叫它「貨幣」。

1. 在貨幣誕生以前……

　　人類最早是沒有貨幣的，也不需要貨幣。

　　想像一下，在舊石器那個蠻荒時代，人類的生活並不比一隻猴子好太多。在危機四伏的荒野，人類相對弱小，他們沒有獠牙利齒，為了生存就必須和自己的族人生活在一起，四處遷徙，居無定所。

　　不過，和猴子相比，人類有更多機會學習獲取食物的本領，比如狩獵、捕魚。人類還會思考和創造，所以他們漸漸學會利用石頭、動物的骨頭來製作一些簡單的工具，其中最高級的就是製作一枚骨針，然後使用動物的毛皮來幫自己做衣服。當時的世界還沒有商店，更不用說網路商城了，所以人們需要的任何東西，都必須自己親手製作。

後來，也不知過了多久，人類的生活開始出現了變化……。

假設你生活在那個時期的某個部落，部落裡的族人發現你製作的弓箭很結實且射程很遠，因此很多人都希望擁有一張你製作的弓箭。一開始，你會將多餘的弓箭送給親人、朋友，或是那些真心來相求的人，畢竟你們來自同一個部落，部落的共同繁榮需要每個人的無私奉獻。你也為此感到相當自豪，因為這意味著，擁有一技之長的你受到其他人的認可和尊重。

但是，製作弓箭需要佔用你外出打獵或幫自己做衣服的時間，所以你不再拿弓箭送人了。於是，那些想得到弓箭的人想到一個辦法，那就是交換。而人們拿來與你交換的東西都不太一樣，有人拿著一籃新鮮的水果，有人拎著一隻剛剛捕獵到的兔子，甚至還有人因為沒有多餘的食物，所以隨手拿著一張獸皮就來交換了……最後，你得到了食物和衣服，別人也順利得到弓箭。

漸漸地，你的部落和別的部落也開始交換東西。在交換過程中，雙方都很受益。你的部落特別擅長狩

獵，所以你們有多餘的獸皮可以用來製作暖和的冬衣。畢竟在那個時代，冬天實在太難熬了，人人都想裹著一件溫暖厚實的衣服。

至於另一個部落擅長採集，所以會有多餘的草藥，而這對於總在和獵物們搏鬥、容易受傷的你們來說，簡直就是保命的必需品。於是，兩個部落之間開始習慣愉快地交換，雙方都得到了自己想要的東西。

而這就是**以物易物**。

機智
問答

以物易物： 拿著你擁有的、別人想要的東西，去交換別人擁有的、你想要的東西。

2. 讓交換變得容易

　　人類進入新石器時代後，生活方式開始出現巨大的轉變。

　　人們逐漸擺脫了居無定所的生活，開始嘗試馴化動物，並從植物中篩選出能夠種植的作物。這從考古學家的發現裡便可印證這一點：他們在河北省保定市徐水區高林鎮南莊頭村發現了距今一萬年的家豬遺骸；在浙江省浦江縣上山、嵊（ㄕㄥˋ）州市小黃山等遺址發現了早期的村落，發掘出迄今為止最早的人工栽培的稻穀。

　　農作物和家畜為人類提供了較為穩定的食物來源，人們終於有更多精力和時間去獲取和創造更多東西。於是，勤勞的人們所砍下的柴，採摘的藥材，捕

獲的魚，製作出來的漂亮衣服、首飾等物品越來越多⋯⋯人們的工作也慢慢開始有了分工。

　　手頭有餘裕，人們便開始對生活有了期待，他們迫不及待地想要用手頭的東西去換一些家畜、一件新衣、一個陶灶，或是一把嶄新的石斧⋯⋯但隨著以物易物的次數越來越頻繁，「快樂的煩惱」也隨之而來。

　　想像一下，你有了多餘的弓箭，想拿它們換一件新衣。可做衣服的大嬸不需要弓箭，她只想要一隻雞。

機智問答

　　家：甲骨文「家」字的上面是部首「寶蓋頭」，代表我們居住的房子，下面的「豕」（ㄕ ˇ）是豬的意思。

　　當時的人們會興建二層樓的小房子，上面住人，下面飼養豬、牛等牲畜。人們吃剩的食物是牲畜的食糧，而牲畜也是人們食物的來源之一。雖說與牲畜生活在一起可能有點臭，但這總歸是一個個溫馨小家庭的開始。

於是你馬不停蹄地去找養雞的小姑娘，可惜小姑娘愛漂亮，她只想要一條漂亮的貝殼項鍊。於是你只能去找做貝殼項鍊的大哥，豈知他只想要換一把砍柴刀。

此時，已經接近抓狂的你接著去找製作砍柴刀的大叔，謝天謝地，他的弓箭剛剛壞掉，剛好需要一副新的。

於是，折騰了一天的你用弓箭換了砍柴刀，用砍柴刀換了項鍊，用項鍊換了一隻雞，用雞換到了衣服。忙完這一切，你只想躺在家裡一動不動，更可怕的是，今天還是運氣不錯的一天。因為大多數時候，你可能折騰一星期也是白忙一場⋯⋯。

這可真麻煩啊！

你和你的部落，每天都會陷入以物易物的抓狂生活裡。

為瞭解決這個讓人頭疼的難題，愛思考的你突然想到一個好主意：你決定以後先把弓箭換成多數人都需要或喜歡的東西，比如必不可少的農具，或用於製作飾品、好看又稀缺的海貝。

　　有意思的是，幾乎在同一時間，世界各地的人們都不約而同地有了和你一樣的想法。只不過在古代，波斯人選擇的是牛羊，冰島人選擇的是鱈魚乾，衣索比亞人選擇的是鹽巴，而蘇格蘭人選擇的是釘子，美洲人選擇的是煙草⋯⋯。

　　這些物品往往往除了自身具有一定的價值以外，還有一些受到多數人歡迎的特點，比如：

鱈魚乾 冰島	釘子 蘇格蘭	貝殼 印度沿海的某些地方
獸皮 多個國家和地區	鹽 衣索比亞	牛、羊 波斯
胡椒 歐洲	可可豆 中南美洲	象牙 摩洛哥

1. 很實用：古時候，牛可以耕田，為人們減輕負擔。

 2. 具有美好的涵義：有些地方的古人相信貝殼裡含有促進生育的神秘力量，具有多子多孫的意味。

 3. 非常稀有：在古代的歐洲，胡椒是稀有且神奇的香料，當地人多半都只能等商人來交換。

　　隨著時間的推移，交換行為越來越頻繁，人們開始用這些東西去衡量其他物品的價值。

　　假如大部分人五天可以製作一套弓箭或者一件農具，一天可以採摘一袋普通草藥。那麼，大家都覺得：

一套弓箭＝一件農具　　　　　　五袋草藥＝一件農具

　　因此，一件農具＝一套弓箭／五袋普通草藥

　　於是，人們開始用這些東西來衡量勞動的價值，用它們來支付勞動報酬。比如，你花了五天的時間

幫鄰居的李大哥做石磨，李大哥用一件農具來謝謝你。與此同時，在地球的另一個地方，人們拿牛隻來做同樣的事情。《荷馬史詩》中就提到了古希臘人習慣用牛來衡量其他物品的價值，比如狄俄墨德斯（Diomedes）的盔甲值九頭牛，而格勞科斯的盔甲值一百頭牛 **1** 。

也正因為牲畜曾經被當作貨幣使用，或被用於衡量物品的價值，所以拉丁語的「金錢」（pecunia）一詞就來源於「牛」（pecus）這個名詞，印度現代貨幣的名稱「rupee」也來源於「牲畜」（rupye）一詞。農具、海貝、牛羊、腓尼基人的皮革、埃及人的紙莎草、美索不達米亞人的黏土板……這些東西，具備了衡量其他商品價值的作用，而我們習慣稱呼它們為**一般等價物**。

儘管當時還沒有人用「貨幣」來稱呼它們，但它們確實已經具備了貨幣的一些特質。

一般等價物：從商品中分離出來，用來衡量其他一切商品價值的特殊商品。它們是商品生產和交換發展到一定階段的產物。

1. 狄俄墨德斯和格勞科斯都是特洛伊故事中的人物。在戰場上，狄俄墨德斯和格勞科斯發現他們的祖先有交情，所以停止互相廝殺，並且交換盔甲來表示友好。狄俄墨德斯穿的是銅製的盔甲，格勞科斯穿的是黃金打造的盔甲，故事的原意描述他們交換盔甲就如同用九頭牛換一百頭牛。

商品交換的媒介	衡量商品的價值
我先把衣服換成農具，再用農具去交換一隻雞。	我們利用農具、貝殼來衡量其他東西的價值。
用於支付的手段	累積財富的手段
無論我想換什麼東西，都可以用農具、貝殼來支付。	透過販賣弓箭，我累積了很多農具和貝殼，我覺得自己越來越富有了。

3. 利用貝殼當貨幣

我們的祖先在使用農具等物品充當一般等價物之後，以物易物的過程總算方便許多了。不過，這個方法雖有效，但還是產生了其他令人頭疼的麻煩……。

麻煩1：農具或牛羊都太笨重了，我若想要大採購，那麼趕集時就得抱著好幾件農具，或牽好幾頭牛去交換，簡直太耗費體力了！還沒買到想要的東西，我光用想的就已經經累壞了。

 麻煩 2：我只想買一籃草藥，按照市價只需支付給對方 1 / 5 件農具或者 1 / 10 頭牛。可農具又不能劈成 5 份，甚至不能因此把牛殺了吧。天啊，我該怎麼辦？

 麻煩 3：買一件衣服需要 2 件農具，雖然我家剛好有 2 件，但它們有一點磨損，賣衣服的人顯然想把衣服賣給別人。唉，這一趟又白來了。

 麻煩 4：農具、牛羊無法穩定、長久地存在。農具會壞掉，牛羊會生病，我好不容易攢了 2 頭牛，覺得自己有一點錢了，結果牛竟得了瘟疫死掉。我辛苦存下來的財富全沒了……。

麻煩5：我特別勤快，沒日沒夜地製作很多弓箭。想用這些弓箭換回一堆農具和牛羊。日子一天天過去，我小小的屋子很快就被越來越多的農具和牛羊擠滿了。但我再也沒時間製作弓箭了，因為我所有的時間都得用來伺候這些餓得直鬧脾氣的牛和羊。老天爺啊，牠們又來用頭頂上的角來頂我了。

　　為農具和牛、羊傷腦筋的大有人在。於是，你和你周圍的人開始慢慢傾向於用攜帶輕便的貝殼和別人交易。後來，海貝被加工處理，有的被打上圓孔，有的則是將頂部磨平……它們因此變成了**貝幣**。貝幣是中國最早的貨幣。人們普遍將海貝當作貨幣時，大約是在三千年前，也就是我們熟悉的殷商時代。

為什麼那時的人們，都喜歡將海貝作為貨幣呢？

原因有很多。

有些學者認為，商代的始祖居住在海邊，天生就喜歡用貝殼做裝飾品。西遷至內陸後，還是對貝殼有著深深的懷念。

而且，貝殼意味著多子多福，這種寓意吉祥的裝飾品，誰不愛呢？尤其是在嬰兒夭折機率很高，非常注重家族血脈傳承、崇拜生育的古代，肯定更是如此。

此外，除了裝飾，貝殼還有很多其他作用。

例如貝殼擁有農具、牛羊等都不具備的優點，像是：

貝殼像硬幣一樣方便攜帶，便於計算，也不會因為時間的流逝而喪失自身的價值。於是，貝幣開始大規模流行起來。

可是隨著貝幣的廣泛使用，一個小麻煩出現了。

想像一下，你揣著一袋子貝幣去趕集。這次要買的東西很貴，需要很多貝幣，你還得一枚一枚地數。哎呀，若一時慌亂數錯了，怎麼辦？

有什麼好方法可以幫你避免這種麻煩嗎？

我把它放入妻子的墓中，隨她去另一個世界。

我用貝殼來支付士兵的薪酬，這也叫作軍餉。

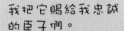

我把它賜給我忠誠的臣子們。

我給屬下三十個貝殼，讓他雇人打造一個青銅酒壺。

它們是我財富的象徵。

不易仿造		這些可愛的貝殼來自遙遠的海域，不容易獲得，也不會在市場上氾濫。
價值穩定		我們都很喜歡它，它的價值不容易發生改變！
方便攜帶		它很小，去趕市集時揣在小袋子裡就可以了，好方便！
易於保存		無論放多久，它也不會有什麼損壞。
方便計數		它小小的，付錢時數起來非常方便。
便於拆分		一個貝殼價值很小不用擔心付錢時還得掰成兩半。

數學不好的你，決定在買東西前，將固定數量的貝幣提前數好，然後將它們串在一起。那些和你有著同樣想法的人，商量著一起把這個數字固定下來，如此一來，貝幣的計算單位便誕生了。

這個計算單位很有意思，叫作「**朋**」。對，不要驚訝，就是朋友的「朋」。

1「朋」是多少枚貝幣呢？答案是十枚。古代的人們把五枚貝幣串成一串，兩串合起來就叫作1朋。《詩經·小雅》裡有一句「既見君子，錫我百朋」，意思就是：我見到了你，你送給我1,000枚貝幣作為聘禮。100朋就是1,000貝幣，1,000枚貝幣可不是現在的1,000元。遠在西周時期，1,000枚貝幣能買七個青銅

在那個落後的時代，人們會失去自由變成奴隸，被有錢的一群人像商品一樣隨意買賣？真可怕，還是現在的社會比較文明。

簠（ㄍㄨㄟˇ）**1** 或一千多個普通奴隸。《詩經》裡所說的這個君子一出手就是 1,000 枚貝幣，可真是一個超級有錢的大富翁。

現在的考古發掘也能證明貝幣流行的事實。例如：在河南安陽殷墟，商王武丁的妻子婦好 **2** 的墓穴中，

機智問答

有關「朋」這個字：你看，這就是甲骨文裡的「朋」字，是不是很像兩根繩子穿起兩串貝殼呢？每一個小短橫就代表一個貝殼。朋友形影不離，就像兩串貝殼緊密地掛在一起，所以「朋」後來引申為「朋友」的意思。

你可能會問，這個甲骨文裡，每串貝殼為什麼只有三橫，也就是三個貝殼，而不是五個貝殼？因為古人用三代表「多」。比如三個「木」組成「森」這個字，而「三人成虎」或「三人行，必有我師焉」等是用三來表示多，並非是真的就只有三個。

就出土了 6,800 多枚貝幣；三星堆遺址二號祭祀坑出土了約 4,600 枚貝幣。當時的人們相信，這些陪伴死者入葬的財富，可以讓他們在另一個世界裡繼續購買自己想要的東西，過著如同生前一樣尊貴的生活。

那麼，問題又來了，我們的祖先生活在內陸，那這些貝殼都是從哪裡來的呢？

也許答案會讓你難以相信。

它們有的產自南部沿海，有的則來自遙遠的印度洋沿岸（如印度、菲律賓、緬甸等，其中尤以馬爾地夫那個以旅遊業聞名的國家最多）。這可不是我瞎說，而是專家們通過對比貝殼的品種後，經過仔細研究所得出的結論。

---

1 是中國商周時代的青銅材質食器兼禮器，用來盛放穀物或飯食。
2 她是中國歷史上第一個有歷史可查的女將軍。甲骨文裡記載了她的故事，描述她曾經率領一萬多人作戰，非常厲害。

　　這些地方對當時沒有高鐵、火車和飛機的中原地區的古人來說，距離真是太遠了。在古代，如果走路去馬爾地夫，需要多久時間呢？馬爾地夫的首都距離中國廣西邊境的直線距離少說也有 3,500 公里。一個正常的成年人每天一般可走 20 公里。你可以算算看，過去一趟得走上 175 天那麼久。

　　運輸不便導致海貝數量稀少，不足以滿足社會的需要。於是，人們開始就地取材，仿照海貝的模樣，選用白滑石、玉石、河蚌等物品來製作仿貝。開始掌握金屬冶煉技術的人們，甚至還會嘗試製作銅貝。在

河南省安陽市大司空村的商代墓地裡，考古人員便發掘出 3 枚鏽跡斑斑的銅貝。在山西省保德縣林遮峪村的商代墓葬中也出土了 100 多枚銅貝。這些銅貝數量稀少卻意義非凡，它們可是迄今為止，中國最早被發現的金屬貨幣。山西省侯馬市上馬村的一座春秋墓中則出土更多，有 8 枚海貝，100 枚骨貝，1,600 多枚銅貝，32 枚包金貝（在銅貝外面再包上一層薄薄的黃金）。除此之外，人們還製作了少量的金貝和銀貝。

你可能會問，為什麼博物館裡的銅貝都變成綠色了？原因是當時的冶煉技術並不發達，銅氧化後就變成了綠色。青銅器也是這樣，剛做出來的時候金燦燦的，時間和化學的魔法把它們變成了沉穩的綠色。

銅貝和海貝一樣，也有自己的計量單位。銅貝以鋝（ㄌㄩㄝˋ）為單位，和「朋」以數量計數不同，鋝是重量單位，畢竟金屬的價值是和其重量緊密相關的。1 鋝銅貝在當時有多大的購買力呢？專家們對一個名為「鼎」的青銅器的銘文進行研究後發現，100 鋝銅貝在當時可以購買五名奴隸。

其中很有意思的是，海貝不僅在中國被當作貨幣

使用，在世界範圍內，它的身影也隨處可見。它的足跡曾經到過印度、東南亞，甚至穿越過荒蕪的撒哈拉沙漠……這樣的發現著實令人震驚，原來在那個久遠的蠻荒時代，世界的聯繫並不像我們以為的那般閉塞。不同的文明透過貿易連接在一起，而海貝多少已開始有了些許「世界貨幣」的意味。

這個人類最初的通行貨幣，在世界上運行的時間也長得令人震驚。16 世紀，也就是約五百年前，在西非的黑奴貿易中，將近 1／3 的奴隸是歐洲人用廉價的海貝購買的。歐洲人買下黑奴，然後將他們運往美洲種植園再高價賣出。而在中國，待秦朝統一中國後，貝幣基本上就算已退出歷史舞臺了，但神奇的是，在相對偏遠的雲南，直到 17 世紀，貝幣才開始真正退出人們的生活。

　　與「貝」有關的字：貝殼作為貨幣使用的歷史也反映在漢字裡。很多和錢有關係的字詞裡都以「貝」做部首，例如貧、貴、賤、買賣、賒帳、貿、貢、賠、賺、贓、賭等皆是。

　　你可能會問，那麼「錢」這個字裡為何沒有「貝」字呢？這是因為「錢」在古代最早是一種農具。你還記得嗎？農具在以物易物階段時也被很多人拿來當作貨幣。所以，「錢」後來也慢慢被用於代表「金錢」。

　　除了上面提到的那些，你還能說出哪些和貝有關的漢字呢？

4. 春秋戰國時期的貨幣

　　貨幣的形式，總是和政權的更迭關係密切。

　　三千多年前，商朝最後一個國君紂王被周武王推翻，中國歷史進入周朝。那是個組織龐大卻架構鬆散的國家，因為周朝分封了許多諸侯國。

　　諸侯國需要服從周王室的命令，每年按時向周王室進貢，如果周王室有打仗的需求，諸侯國也要派兵去捍衛周王室的尊嚴。禮崩樂壞後，周王室越來越衰落，諸侯國越來越強大，中國進入了最混亂、最碰撞、思想最為活躍的時代，而這個時代被稱為春秋戰國時代。

　　在中國的大部分地區，貝幣存在的時間雖然漫長，但當它進入諸侯國如雨後春筍般興起的年代時，它基

本上已算完成自己的歷史使命，走向衰敗。

　　如果你生活在二千多年前的春秋戰國時代，你會看到各式各樣、風格迥異的貨幣，花樣多得讓你眼花繚亂。春秋戰國時期的諸侯國形成了相對獨立的地方政權， 諸侯國的國君們各個爭先恐後地在自己的領地鑄造並發行自己的貨幣。

　　貝幣衰落後，同一時代的西方流通起金幣和銀幣，而中國則以廉價的銅來鑄造銅幣。至於中國與西方的做法不同的原因，眾說紛紜，但都沒有定論。不過，可以肯定的是，不管是採用金、銀還是銅，不同地方的人們都不約而同地選擇了金屬作為貨幣。

布幣	刀幣	圜錢 （ㄏㄨㄢˊ：ㄩㄢˊ）	蟻鼻錢
你看它像什麼？	它仿造自什麼物品？	圓形的錢好，款式經典。	它可太有創意了，最有特色。

如果是你，可能也會選擇金屬來鑄造錢幣。原因有兩個：

第一，石頭之類的硬物可以砸碎貝殼，卻不能對金屬造成多少損害。

第二，貝殼無法再被分割，如果你要購買比一枚海貝代表的價值還低的東西，那你肯定無可奈何。而金屬可以分割，分割後還可以再次熔煉。金屬貨幣的價值大小和重量密切相關。

當時的貨幣，最主要的就是以上展示的四種，可說是形態各異。接下來，且讓我們深入瞭解一下它們。

麻煩 1：照著農具的樣子製成的布幣，體形太大了。有多大呢？竟有 13 公分長。這麼大，拿著真不方便。

麻煩 2：布幣和農具一樣，上端空心，下麵又薄又尖。中空的構造製作起來很麻煩，又扁又大又薄的體形，攜帶起來也很讓人頭疼。

讓我們先看看**布幣**。

要注意，布幣可不是用布做的錢，它和布匹沒有半點關係。布幣源自一種金屬農具，樣子長得有點像鏟子。

在冶煉技術尚不發達的古代，金屬農具可是稀罕物品。它們既鋒利又耐用，比木頭、石頭製作的農具耐用許多。除了好用，製作週期也長，需要先完成金屬冶煉，然後經過鐵匠的錘打成型，最後還要安裝上合適的木柄。複雜的工序使它凝結了許多人的勞動，因此具有非常高且經人們認可的價值。就像我在前面說的那樣，在以物易物的階段，它就已經備受人們喜愛了。

而照著農具的樣子製成的布幣，其實早在商朝後期就已經存在了。

布幣一開始的樣子還真是寫實！你看，右圖就是它的模樣。

作為過渡型的早期貨幣，布幣在使用過程中也給人們造成了很多麻煩。

如果你攜帶著這麼笨重又占地方的貨幣去集市，

你最想怎麼改造它？當然是讓它不再中空，另外則是變小，變小，再變小。

如果這個布幣尖尖的，總是容易弄傷人，你會想要怎麼改造它？當然是讓它變得圓潤一點。

古人想來也是這麼考慮的。所以布幣的形態演變是：

刀幣也是由刀這種生產工具演變而來的，但它流通的範圍沒有布幣那麼廣。

為什麼呢？這和當時的生活方式有關。我們的祖先以農耕為主，以農具充當交換媒介的範圍大，由農具演化而來的布幣自然也就應用廣泛。

而北方遊牧民族和沿海地區以打魚為生的古人習慣用刀，因此刀幣也就從刀這種工具裡演化出來了。如果你是生活在春秋戰國時代的齊國漁民，那你用的便是熟悉的刀幣。

再看看圓錢。

這個形狀你可肯定熟悉許多—它是圓形的，和現在的硬幣非常相似。

關於它的來源，人們的意見並沒有那麼一致。有人認為它是由一種紡織工具—紡輪演變而成的。還有人認為，它是由璧環發展而來。

最後，讓我們再來看一下蟻鼻錢。蟻鼻錢，這個名字聽起來好奇怪。它甚至還有一個令人毛骨悚然的名字—鬼臉錢。

為什麼要叫它「鬼臉錢」呢？這都要怪它的長相了。這種錢長得有點像貝殼，上面刻的文字像「咒」字，加上下面的孔洞，合起來看很像一張在哭泣、醜陋的鬼臉，所以就被人們稱為鬼臉錢。有人聽到這個名字，就以為這種錢是用於殉葬的冥幣，這可真是「以貌取錢」了。也有人覺得這種錢上面有的字就像個小螞蟻，那個洞又像鼻孔，所以又叫它蟻鼻錢。這名字一出來便又有人望文生義，以為它是用來放在墓室裡驅除螞蟻的冥幣。聽到這些沒有根據的說法，我想蟻鼻錢肯定會不屑地撇撇嘴，譏笑人類「有眼不識泰山」，因為它可是戰國時期楚國特有的貨幣，地位可不一般。

布幣、刀幣、圜錢、蟻鼻錢，各個長相雖風格迥異，但也有一些相似之處。

一是材質，它們主要都以青銅鑄做而成。

二是穿孔，當時的貨幣基本上都有孔，這可能是為了方便串在一起，便於攜帶。

　　三是文字，作為中國最早的金屬鑄幣，錢幣上面一般都有文字。有的是鑄造的地點，有的是錢幣的重量，比如五銖、各六銖等等。

　　我在前面曾提過，金屬貨幣最早的價值，其實與它的重量關係密切。為什麼呢？比如你想買一隻雞，那這隻雞價值幾兩銅呢？又或是你想買個鼎，那這個鼎的價值是幾兩白銀或黃金呢？所以，貨幣上面必須標示重量，方便我們辨識價格。這和我們現在錢幣上的 100 元或 20 元面值是同樣的道理，都是用在標示貨幣價值多寡，以及能買下多少價值的東西的憑證。

　　除了這些類似硬幣的青銅貨幣，當時的人們還會使用其他貨幣嗎？比如金和銀？

　　當然有了。

　　不過金和銀沒有以硬幣這種形式在普通老百姓的生活中大量流通，因為比較昂貴，主要以秤重的方式在社會的上流階層中流通，用來支付昂貴的東西。

5. 秦始皇統一貨幣

　　布幣、刀幣、圜錢、蟻鼻錢⋯⋯假如你生活在春秋戰國時期，面對這些種類繁多的錢，你會因為選擇多樣化而變得更快樂嗎？有時候，選擇多也不見得是一件好事。

　　就拿刀幣來說，你以為當時流通的刀幣只有一種款式嗎？

燕國刀幣　　趙國刀幣　　齊國刀幣

不同國家的刀幣，形狀和價值也不同。而且，插圖裡所展示的還不是全部種類的刀幣。

如果你是商人，要穿梭在不同的諸侯國做生意，所要面對的就不只是刀幣了。不同國家所使用的布幣和圜錢也五花八門。

假設你是一個賣布的商人，一匹布在你的家鄉趙國價值 1 趙刀，而在齊國，你的一匹布能換到幾個齊國刀幣？如果跑到王畿（周王直轄的區域），你還得琢磨這匹布能換多少布幣？如果再跑到魏國，說不定還得改用圜錢算帳。若你再跑到楚國，還得換算一下蟻鼻錢……如果你數學不好，或者沒那麼了解換算單位，也許你這趟行程跑下來，最終還會虧錢。

而且那時候沒有現在這麼發達的銀行系統，你不能把刀幣扔給銀行，等著它按照最新匯率幫你兌換布幣、圜錢、蟻鼻錢……。

這樣的現象不只存在於貨幣上，其實當時各個諸

我不是「學渣」，我只是換了個國家。

侯國的文字、計量單位、馬車大小、車道寬窄等規制都不同。

假設你是齊國人，飽讀詩書，學富五車，有一天你決定到魏國教書，哈哈不好意思，你很有可能被拒於門外，因為你根本就不認識魏國的文字。而你攜帶的貨物，則因為兩國的計量單位不同，說不定還會給你惹來麻煩。還有你乘坐的馬車， 本

機智問答

秦始皇：這個極具抱負和野心的帝王認為自己的功績可與之前的「三皇五帝」[1]比肩，所以用三皇的「皇」、五帝的「帝」組成「皇帝」這個稱號，他成為中國歷史上第一個使用這個稱號的君主，而且自稱「始皇帝」，我們叫他「秦始皇」。

來在齊國大路上跑得好好的，話說到了魏國跑起來就十分彆扭，這是因為兩國馬車車軸的寬度不同，道路的寬窄也不一樣。這種種的「不同」，給大家的生活帶來了極大的不便。直到西元前 221 年，也就是大約二千二百年前，一個偉大的帝王方才終結了這個混亂的時代，秦王嬴政終於統一了六國。

統一六國之後，為了鞏固自己的統治，秦始皇統一了文字、計量單位、馬車大小和道路寬度，最後更統一了貨幣。

那秦始皇將貨幣統一成什麼樣子呢？

這是黃金，它是皇帝賜給我的。

這是「半兩錢」，也叫「秦半兩」2。我們普通老百姓每天都要用到它。

　　秦始皇將秦國當時的老百姓都在用的銅錢，和貴族們喜愛的黃金，定為全國統一的流通貨幣。

　　昂貴的黃金被稱為上幣，主要供社會上層使用，用於大額支付、饋贈、帝王賞賜等。這是一種稱重的貨幣，所以有重量單位—當時叫作鎰（一ˋ）。1鎰=20兩 **3**。

　　普通的銅錢是半兩錢，被稱為下幣，它也是圜錢的一種。所謂半兩就是一兩的一半（重量為現在的8公克左右）。這是當時流通最廣的貨幣，主要用於社會下層普通民眾的日常小額支付。

　　你可以理解成，半兩錢相當於我們現在的10元、50元這類面額較小的硬幣。

　　而一鎰黃金則是貴族們所使用，面額約一萬元的大額鈔票。

　　秦始皇規定，除了黃金和半兩錢，其他各個諸侯國的錢幣，還有以前擔任過貨幣作用的珠、玉、貝殼、銀、錫等物品，從此都不能再充當貨幣了。

　　看到這裡，你是不是為當時的老百姓感到高興，以為他們馬上就可以脫離貨幣不統一的苦海了？

很可惜，他們沒有。

秦始皇雖然志向宏大、野心勃勃，但統治這個帝國的時間非常短暫。他曾經夢想著自己一手建立的帝國可以延續千秋萬代，可是方才短短十五年光景，不過傳到秦二世時，秦朝便已走向滅亡。但即便如此，短暫的統一仍讓「方孔半兩、有郭圓錢」成為法定銅幣的唯一形制。

之後，漢朝繼續進行一系列的貨幣改革，在漢武帝到漢平帝統治的一百多年裡，中央政府總共鑄造了280 億萬餘枚銅幣。統一的貨幣系統正式運轉起來。

自此，中國古代的銅幣也慢慢影響了東亞文化圈。最有影響力的例子是在唐朝。唐朝最著名的銅錢當數開元通寶，這是為了紀念開闢新朝所發行的貨幣。這種銅錢不但在中國流通，還隨著唐朝經濟、文化的巨大影響力，逐漸影響到東亞文化圈內的其他國家和地區。比如日本的「和同開真珎（珍）」錢，就是受到了開元通寶的影響。

它是不是很像開元通寶？

毋庸置疑的是，秦半兩是中國貨幣史上的一座里

程碑。秦朝以後，政府逐步壟斷鑄幣權和貨幣發行權，並且制定相關法律來防止幣制混亂。因此，君主們成為國家經濟的最終掌控者。這種利用優秀的鑄造技術生產出來的銅錢，既廉價又好用，

　　漸漸地也成功融入老百姓的生活中。

開元通寶　　和同開珍

---

1. 傳說中最古老、最盛明的君王，時間雖同在夏朝，但他們究竟是誰？目前依舊眾說紛紜。
2. 很多人都誤以為秦始皇統一六國後才鑄造了秦半兩，但考古發現秦半兩在那之前就已經被人們鑄造並使用了。
3. 古代的兩跟現代的兩代表的重量不同。

外圓內方：半兩錢為什麼要採用外圓內方的結構呢？有人認為，這代表了中國古人的宇宙觀——天圓地方。天是圓形，像蓋子一樣蓋住了四方的大地。做人也一樣，要外圓內方，為人處事要圓通，內心要方正。

其實，原因可能沒有那麼複雜。

貨幣的形態，首先是要方便流通，容易製作。圓形擁有巨大的優勢，試問：你是願意帶著圓潤的半兩錢，還是扎手的刀幣？相信大家都會做出同樣的選擇。至於方孔，則是因為在打磨貨幣的階段，就比圓孔更容易固定打磨。換言之，真相可能就這麼簡單……。

6. 古老的文字，
就從記帳開始

　　探索了中國古代貨幣從貝幣發展到銅幣的過程，再讓我們把目光轉向世界的其他國度。它們最早的貨幣，誕生自何處呢？

　　中國最早的文字是甲骨文 [1]，主要是記錄占卜的內容。而在世界另一片古老的土地上，人們最早的文字，是在用黏土製成的物品上記錄的帳目，這些記載著數字帳目的黏土製品，也可說是當地最早的貨幣。

　　那片土地位於美索不達米亞平原 [2]（約在今日敘利亞東部和伊拉克境內）。黃河和長江滋養了中華文明，而幼發拉底河與底格里斯河也孕育出燦爛的蘇美文明和古巴比倫文明。

　　那片肥沃的土地，被稱為「新月沃地」。在這裡，

人們修建堤防水壩、水渠和蓄水池等水利設施，用來抵禦定期氾濫的洪水和乾旱。於是，作為建築中心的城市，因為人的聚集和建設，開始蓬勃發展。但在那裡管理著城市運轉、農業經濟的人並非國王，而是傳達神的旨意的神殿。農田被視作「城市守護神的土地」，為了更好地服務農業，天神的代言人—神職人員，會按照曆法指揮農業生產，而受天神庇護的百姓，則要向神殿貢獻禮物作為報答。

假設你是生活在那片土地上的農民，在收穫的季節，你將會帶著糧食前往豐產女神伊南娜（Inanna）的神殿。這時，你和鄰里鄉親們聚在一起，周圍都是熙熙攘攘的人群。

你要上繳六袋小麥，隔壁放牧的牧民要上繳 3 頭羊，有人背著 5 罈美酒，有人則帶來了 3 張地毯，有人牽著 2 頭牛，還有人抱著 2 罐蜂蜜……上繳物品的隊伍長得看不到盡頭……。

為了記錄清楚這些繁雜的物品數額，你面前的神職人員熟練地拿出了陶籌 3。這個時候的他們，就像是古代的會計師。

　　陶籌其實是一種用黏土製成的小物件，造型很簡單：有的是球體，有的是錐體，也有的是簡化的動物、工具等的微小模型。這些陶籌分別代表著羊羔、牛匹、雞、狗、麵包、蜂蜜、啤酒、服裝、糧食、羊毛、地毯等物品。另外，和我們的祖先在貝殼上穿孔一樣，神職人員也會在陶籌上面打上小孔，方便能將它們串在一起。

　　而神職人員收到你上繳的六袋糧食，接著拿出 6 個代表糧食的陶籌記下。然後，他收到鄰居上繳的 3 頭羊，便又拿出 3 個代表羊的陶籌……一切都有條不紊地進行著，神職人員們用陶籌仔細記錄著今天的每一筆帳目，它們都將進入豐產女神伊南娜「聖潔的寶庫」。在你沒注意的時候，神職人員偷偷舒了口氣，他不禁感謝這些陶籌，因為透過這些陶籌讓他不用焦頭爛額、滿頭大汗地一一清點倉庫的所有物品，便可知道神殿擁有哪些財富。

此外，除了收入，人們在支出時，神殿也會用到陶籌。

如果你要用 6 袋糧食、3 頭羊和 5 罈酒去交換幾根木材，神殿人員這時就會給你相對應的陶籌。你如果哪天需要，再拿著陶籌來神殿把糧食、羊和酒兌換走就好。

這些陶籌在你所在的城市流通開來，因為你們都信賴神殿的權威和信譽，所以都樂於接受別人支付給你們的陶籌。

有時候，大量的同類型陶籌會被密封在由黏土製成的空心泥球裡。比如，你答應神殿明年上繳 10 袋糧

食作為給神靈的供奉，那你就可以把你擁有的 10 個代表 1 袋糧食的陶籌封在一個泥球裡，並在泥球上印下屬於你的印記。第二年，神殿可以拿著封球來要求你履行承諾，而這些封球，就是西方最早的契約。人們用封球做出承諾，也將封球直接拿來交易。如果第二年神殿並不需要那麼多糧食，那神職人員就可以拿著這些封球去兌換他們需要的東西。

可是隨著時間的流逝，我們可能會忘記不同的封球裡，放的究竟是哪些陶籌？有時候你們需要用到 10 袋糧食的封球，但打碎封球後才發現裡面是記錄著 5 罈酒的陶籌。這種情況讓大家非常頭疼。

於是，大家決定趁著封球外層尚未乾透時，使用同類陶籌在外面壓印圖案（比如 10 個代表酒的陶籌圖案）和擁有者的記號。這樣一來，大家就能清楚知道封球內到底裝的是什麼了。

後來，人們意識到，如果可以直接在外面看到封球的價值，那就沒必要再在裡面裝上陶籌。於是，帶有印記的封球慢慢變成了更容易印刻的黏土板。

人們把黏土做成方形板，用蘆葦稈或尖頭筆在上

面書寫。筆的一端鋒利，因而筆跡是楔形的，像一個個小箭頭。就這樣，不是為了書寫歷史，也不是為了書寫詩篇，而是為了記帳和簽訂契約，**楔形文字**因此誕生，那時候距今大約五千年。

　　之後，由於經濟的發展，商品增多，楔形文字在形式上也有了進一步的變化。神職人員開始嘗試用一些抽象符號來表示數位。比如在一塊黏土板上，53桶油不再是畫 53 個油桶，而是用 5 個圓形代表數字50，3 條線代表數字 3，緊接著畫一個代表油桶的符號。初始的數字就此誕生。

1. 我們的祖先在占卜時，會將牛的肩胛骨和烏龜的腹部甲殼扔入火中，龜甲、獸骨在火烤後，表面會出現裂紋，祖先們再根據裂紋來預測吉凶。待占卜結束後，他們會把占卜結果刻在龜甲、獸骨上，這就是甲骨文。

2. 源出希臘語，意思是兩河之間的地區。

3. 陶籌（這裡指刻有不同形狀的花紋和動物圖案的複雜陶籌）的出現與神殿的興起有很大的關係，在那時，神殿向人們徵收稅款和儲藏貢品時，都需要使用陶籌記錄。

7. 備受喜愛的金和銀

在中國封建社會時期，流通的主要貨幣是銅幣，而中國以外的地區，（這裡主要指歐洲、非洲和西亞）在很長一段時期內流通的貨幣主要是金幣和銀幣。

歷史上很多民族都喜歡黃金，但都不及「愛金狂魔」古埃及人對黃金的迷戀。就像長江、黃河滋養了中華文明，兩河流域孕育了蘇美文明和古巴比倫文明一樣，尼羅河也使古埃及成為世界文明的發源地之一。

尼羅河的定期氾濫為古埃及人帶來肥沃的土壤，他們在這片土地上日出而作、日落而息。他們看著蓬勃生長的萬物，覺得這一切都有賴於太陽的恩賜。古埃及人仰望著蒼穹上那金燦燦的太陽，不禁充滿了崇拜之情……。

　　沒有哪個民族對太陽會像古埃及人那般崇敬。在古埃及人看來，太陽神是最偉大的神靈。他們認為，埃及法老（也就是埃及王）是太陽神的兒子，統治著世間萬物。太陽東升西落，永不停歇，象徵著王朝永不覆滅。

　　因此，對太陽愛得熱烈的古埃及人愛屋及烏，愛上了一種會努力推糞球的昆蟲，它就是屎殼郎。

　　什麼？愛什麼不好，怎麼會愛蟲子，還是推糞球的蟲！

我是太陽神，古埃及最受歡迎的神靈。我腦袋上頂的是太陽，不過我得說清楚，那些古埃及法老王不是我的兒子。

我是古埃及最受歡迎的蟲子。在法老王安息的金字塔裡，到處都有我的形象。

這是因為古埃及人認為，東升西落的太陽是由一隻巨大的屎殼郎推動的。於是，在古埃及人的眼中，屎殼郎成為推動光明的使者，它有了個又好聽又神聖的名字—「聖甲蟲」。

　　小小的蟲子，因為和太陽有了聯繫，就被古埃及人如此喜愛。而接下來我要講的東西，簡直讓古埃及人愛得無法自拔。在努比亞（非洲東北部古國，大致在今尼羅河第一瀑布以南至蘇丹喀土穆一帶），古埃及人找到了一種金燦燦、有如太陽一般耀眼的東西—黃金。

　　古埃及人太愛黃金了，他們認為，黃金就是太陽的化身。於是，古埃及法老住進用黃金裝飾的宮殿裡，

機智問答

　　努比亞盛產黃金，古埃及曾對努比亞發動多次戰爭，就是為了掠取那裡的金礦。而且，有人認為努比亞（Nubia）這個詞就來源於埃及語中的「金」（nub）。

佩戴著用黃金做成的飾品，手執象徵權力的黃金手杖，坐在高高的黃金寶座上……想像著自己就像耀眼的太陽一樣，威嚴遍佈古埃及的每個地方。

而在古埃及文明的影響下，人們對黃金的崇拜與喜愛之情，逐漸傳播到了非洲以外的地方。

誰會不愛黃金呢？它不易燃，又擁有如同太陽般

在美索不達米亞，黃金主要掌握在我們神殿手裡！

快看，我們古希臘人美麗的黃金飾品！

我是海昏侯，我把馬蹄金、金餅都帶進了我的墳墓。

我是哥倫布，我也愛黃金。我在不到一百天的日記裡，提到了六十五次黃金。

閃耀的金色。經過製作，我們幾乎可以把它變成任何想要的形狀。如果加熱溫度合適，把它拉成金線也未嘗不可。在古埃及之外的地方，人們不僅願意把黃金當作裝飾品和財富的象徵，也願意把它當作貨幣。這在之後的章節我會提到。

接下來，我們看一下，為什麼銀也在這些地區備受青睞？

答案還是與神靈有關。

在古代，許多民族在崇拜太陽的同時，也將月亮神化了。因為月亮和太陽一樣，也代表著永恆。金燦燦的金和白花花的銀，彷彿天上的太陽和月亮般光彩奪目，因而它們也就時常與太陽、月亮「攀」上關係。比如，在印加文化裡，黃金被稱做「太陽的汗水」，白銀則被喚為「月亮的淚水」。而在古希臘神話故事中，美麗的狩獵女神（也是月亮女神）阿提米絲（Artemis），每個夜晚都會乘坐一輛由白馬拉的白銀戰車，提著發出月光般銀色光芒的弓箭，馳騁夜空。

除了神話的美化效果，銀和金一樣，也有一些成為貨幣必備的優勢：一是不會變質，化學性質比較穩定；

二是易於分割、秤重，適合用來度量其他物品的價值；三是數量稀少、冶煉複雜，更為自身價值的穩定，提供了有力的保證。

在古代的西方，金銀不是通過數量來計算的，而是用重量來計算，它們都是重量貨幣 1。在美索不達米亞平原，漢摩拉比統治下的蘇美人將銀塊的單位稱作謝克爾。

那 1 謝克爾是多重呢？

最初，謝克爾是農作物的重量單位。1 謝克爾相當於 180 粒小麥的重量，大約是 8 公克。

那 1 謝克爾在當時能買多少東西呢？

別看只有 8 公克左右，1 謝克爾銀的購買力並不低。在當時，工人勞動一個月的酬勞差不多就是 1 謝克爾銀。

在那裡，銀塊不僅用於交易，也用於解決爭端。比如，某位貴族毆打了平民，那麼他只需要賠給平民一定數額的銀塊，就可以免罪。雖然銀已經在很大程度上得到了普及，但交易起來總不是那麼便利。因為每次秤重，都需要準備好一杆精準的秤，還得看看這

個銀塊有沒有被摻進其他不值錢的金屬。真不知道蘇美人是怎麼解決這些難題的。

　　使用銀的歷史，在西方持續了幾千年，而這段歷史也體現在文字上。一些國家表示，貨幣名稱和單位的詞都和銀有些許關係。例如：英鎊 [2] 英文 pound 全稱是 pound sterling，pound 是古羅馬的重量單位，sterling 則代表銀幣上的小記號，意思是含銀量 92.5%；而美元的英文 dollar 最早指的是 1 盎司 [3] 的白銀。

---

1. 流通時需要秤重和鑒定成色的貨幣。
2. 英國的官方貨幣和貨幣單位。
3. 英美制重量單位，1 盎司約合 28.3495 公克。

機智問答

《漢摩拉比法典》（Code of Hammurabi）：這是古巴比倫國王漢摩拉比頒佈的法律彙編，頒佈時間在西元前18世紀，大概在中國的夏朝末年。上面篆刻的文字是楔形文字，總共包括282條法律，囊括了刑事、貿易、婚姻、繼承等制度，是世界上現存的第一部比較完備的成文法典。因為原文刻在一段高2.25公尺，頂部周長1.65公尺，底部周長1.公尺的黑色玄武岩圓柱上，故此又名《石柱法》。

8. 利底亞的硬幣

在中國以外的地區（這裡主要指歐洲、非洲和西亞），硬幣出現的時間和中國春秋戰國時期各式貨幣出現的時間大致相同。

金塊、銀塊每次交易時都需要秤重、鑒定，流程十分煩瑣，而這些地區的人們打造金幣、銀幣的動力，或許遍來自於此。

那怎樣才能讓交易變得更方便呢？這些地區的統治者和中國封建社會時期的帝王一樣，也想到了絕佳的妙計：如果金銀的形狀固定，重量、價值恒定，人們就不用在每次交易時去秤重，而是清點一下數量就可以了。

在這些地區，最早使用硬幣的國家是利底亞

（Lydia），它的位置大概在今天的土耳其西部。利底亞的河流中有天然的金銀礦，其成分為三金一銀，俗稱琥珀金。利底亞人用它製造了琥珀金幣，一枚琥珀金幣的重量大約為 14 公克，大概可以支付當時一個士兵一個月的軍餉。

但第一次發行硬幣並不成功 **1**。

後來，利底亞的國王克洛伊索斯決定把金銀分開，分別製作了金幣和銀幣，大獲成功。

如果你是國王，想發行硬幣，你會在硬幣上展示什麼呢？你可能會打上能夠代表你的國家、信仰，或是你自己的印記。

克洛伊索斯國王也是這麼想的。

他發行的硬幣，正面刻有咆哮的獅子和奄奄一息的公牛的半身像，背面則印有橢圓形和正方形的戳記，這個戳記是信譽、品質、重量的保證。至於硬幣正面的設計，大概就是為了宣示利底亞的王室權威[2]。

硬幣的出現，使黃金從每次交易都要秤重和確認品質的麻煩的錢，變成了只需要確認數量的便捷的錢（從計「量」變成計「數」）。

克洛伊索斯發明的金幣、銀幣，讓人們的交易一下子變得順暢，金幣、銀幣因此迅速地流通起來。

除了利底亞，其他早期西方國家也陸續開始發行硬幣。和古代中國硬幣主要刻年代、鑄造地點、重量不同，西方的硬幣從利底亞開始，形成了以圖像為主的形式，要麼雕刻動物，要麼雕刻國王，抑或是雕刻神靈。

除了金幣、銀幣，西方人也會鑄造一些廉價的銅幣來用於日常生活交易。至於換算的比例，我們以古羅馬為例，1 枚奧留斯金幣（Aureus）=25 枚第納里烏斯銀幣 =200 枚都龐地亞黃銅幣 =1,600 枚奎德倫青銅幣。富裕的古羅馬人工資還挺高的，一個人一天的工資大概是一枚銀幣。

波斯國王大流士一世發行了大流克金幣和西格羅斯銀幣。錢幣上是國王的肖像，是不是很莊嚴？

古典時期希臘雅典城邦使用的是德拉克馬 1 銀幣 3 。正面是他們最愛的智慧女神雅典娜，背面是雅典娜的守護鳥貓頭鷹。右邊的字母代表雅典城。

作為一個偉大的國王，亞歷山大大帝發行的貨幣充滿了力量感和男性的魅力。正面是戴著獅子皮的海克力斯 4 ，背面是手持鷹的天神宙斯 5 ，上面還有亞歷山大的名字。

貴霜 6 王朝的金幣刻上了國王在舉行慶典的畫面。背面是他們所崇拜的神靈——濕婆和神牛。

熱愛女神的羅馬人在他們的羅馬共和國銀幣上刻滿了女神。正面是羅馬女神米娜瓦 **7**，背面則是勝利女神維多利亞。

這是《一千零一夜》**8** 裡的金幣，來自阿拉伯帝國。上面沒有國王或神的頭像，篆刻的是清真言等字樣。

1. 有一說是因為金銀混合比例不當，導致失敗。
2 也有人說該圖像是利底亞首都薩第斯城（Sardis）的城徽。
3. 古希臘銀幣單位，不同地區含銀量不同。
4. 希臘神話中的大英雄，神勇無敵。
5. 希臘神話中的主神。
6 約西元 1 世紀上半葉興起於中亞細亞的古國，崇尚佛教。
7. 羅馬神話中的智慧女神，即希臘神話中的雅典娜。
8. 阿拉伯民間故事集。

機智問答

Money 的來源：羅馬帝國的人把貨幣叫作 mone，而女神茱諾的別名是 Moneta。在羅馬帝國，只有女神茱諾的神殿才擁有鑄造貨幣的權利。

這是巧合嗎？

不是的。一種說法是那個時候的歐洲普遍覺得經濟事務屬於家政，而茱諾是朱比特的妻子，婦女的保護神，像中國封建社會的人們普遍認為的那樣，他們也覺得一家的女主人應當挑起家政的擔子，所以她的神殿適合鑄造貨幣。當然這裡面肯定也有利用神的權威，增加硬幣信用的考量。

9. 最早的紙幣在中國

　　硬幣的產生，無論在中國還是西方，都極大化地促進了貿易發展和經濟交流。這種小小的貨幣，攜帶、計算皆便利，簡直太棒了！

　　但是，硬幣還是有一個小問題—數量越多，拿著越重。

　　你可以想像一下自己抱著一存錢罐的硬幣，或者更慘一點，背著一書包硬幣去趕路的樣子。除了重，攜帶這麼多錢，也容易讓自己變成強盜下手的目標。

　　有什麼辦法可以讓我們輕鬆一點呢？

對了，我們可以用紙幣！

那最早的紙幣是誰發明的呢？

最早的硬幣誕生於中國還是別的國家，這個問題目前尚無定論。但最早的紙幣，毋庸置疑，肯定是中國人發明的。

歡迎來到唐朝！

這時，距離中國出現金屬貨幣的時代，大約已過了二千年。但它不是巔峰時期的唐朝，如果你生活在那個時代，既見不到偉大的詩仙李白，大概也尋不著詩聖杜甫，因為這已是安史之亂發生過後很久了⋯⋯。

那時，唐朝正處於銅錢緊缺 1 的狀態，於是政府下令嚴禁商人們帶錢出境，各地節度使也禁止本地的銅錢外流。但是，當時唐朝的貿易活動已經非常成熟，除了和其他國家進行貿易，國內的貿易交流也非常頻繁：北方人離不開南方的茶，也想穿漂亮的織錦；南方的人要買北方的人參、鹿茸，還有漂亮的毛皮。

本來沉甸甸的銅錢在長途運輸中本就不便，現在又加上官員的管制。來回穿梭經商的商人們，需要儘快想出辦法來克服這些困難。

也不知是哪個聰明絕頂的人，靈光乍現，創造出了**飛錢**。為什麼叫「飛錢」？因為它雖然沒有翅膀，卻可以用獨特的方式「飛翔」。

　　如果你是在京城的商人，你可以把錢交給本道的進奏院 **2**（類似於現在的駐京辦），軍、使 **3** 的在京機構或設有聯號的富商，來換取一張紙質的貨幣兌換憑證。等你到了江南，想要用錢進貨的時候，只需把這張兌換憑證交給相關機構，就能隨時取出錢來。同理，南方的商人運茶到京城，待賣掉茶後，也可以把錢交給進奏院等機構，換取一張貨幣兌換憑證。商人們再

也不用拖著沉重的貨幣到處跑，也不用因為強盜而擔驚受怕，只需揣好憑證就可以輕鬆上路，沿途遊山玩水。等回家後，他們就可以用兌換憑證把錢取出來。

而這裡的貨幣兌換憑證就是飛錢。

有一段時間，朝廷下令各機關在商人辦理匯兌時要收取一定的手續費，但法令頒佈之後，就沒人願意再使用飛錢了。朝廷無奈之下只好繼續免費為商人辦理匯兌手續。就這樣，飛錢在商人中流行起來。

不過這時候的飛錢只用於兌換，不能用於買賣，也沒有在普通人的生活中流通開來，所以它還算不上真正的貨幣。

那真正的紙幣是在什麼時候出現的呢？

快了快了，讓我們來到宋朝初年。

最早的紙幣叫作交子，它誕生於四川。

唐末，社會動盪，四川因為遠離中原極少受到戰爭的干擾，社會局勢相對穩定。很多富商們拋棄原有的產業，搬到四川定居。富裕的他們帶來了人、錢和生意，大大地促進了四川經濟的發展，讓四川頓時變成宋朝初年糧食、茶葉的集散地，以及造紙印刷的重

要基地。

當時商人們使用的貨幣，除了銅錢，還新增了鐵錢。畢竟經濟規模擴大，貿易往來頻繁，城市也變得越來越繁華。至於有多繁華？簡直和現在的台北市一樣熱鬧。北宋東京人口超過百萬，商鋪超過 6,400 家。如果你看過北宋張擇端畫的《清明上河圖》，就知道當時的街道有多繁華了。這麼熱鬧的集市，從凌晨 4 點持續到第二天凌晨 1 點。街上的人們都在買買買，也都在賣賣賣。交易頻次增加，現有的銅錢便越來越不夠用，據說單單在北宋建朝這 150 年間，國家就發行了約 6 億貫銅錢，但即便如此，銅錢仍然不夠用。銅的產量跟不上貨幣的需求量，北宋政府不得不把鐵也拿來

鑄做貨幣，發行大量的鐵錢。只不過鐵錢比銅錢還要廉價，宋太宗太平興國四年（西元 979 年），在四川每 10 個鐵錢大約能兌換一個銅錢。

宋太宗淳化年間，1 貫銅錢可以在開封買一頭公豬。1 貫 **4** 銅錢有多重呢？ 1 貫銅錢是 1,000 枚，重量約為 5 公斤。如果你沒有銅錢，必須使用鐵錢，那

你買一頭公豬就需要 10 貫鐵錢，10 貫鐵錢的重量約為 65 公斤。

買一頭豬都要累死人了，更別提那些做大宗交易，一買就是幾十頭豬、幾百匹布的商人們了。

終於，一些忍無可忍的商人開辦了交子鋪。這時大概是距今一千年前。

交子和飛錢有點像。商人們將沉重的鐵錢交給交子鋪，交子鋪收錢後，會給他們一張交子作為取款憑證，上面會填寫上相應的金額。交子鋪的老闆用信譽

保證，商人們隨時隨地都能用交子，從交子鋪兌換足夠的錢。當然，商人們還是要支付一些服務費。漸漸地，商人、普通百姓都開始喜歡使用交子，甚至不去取錢，轉而用交子直接交易，交子開始像貨幣一樣流通起來。

可是作為私人商鋪，交子並不合法，所以問題也隨之而來。有些商人印發空券，導致交子貶值；有些商人則擅自挪用客戶的錢做其他生意，結果賠光光，無力兌現；還有人成立假交子鋪，詐騙錢財……這樣的事情時有發生，搞得官府不勝其煩。官員們只好先清理一批實力、信譽差的交子鋪，只允許十幾戶實力強、信譽好的繼續經營，但即便如此，還是不能完全杜絕交子鋪不時冒出來的違法行為或財務糾紛。

於是，當時的官員索性強制停止所有的交子鋪，廢除了交子。這下，民間的老百姓們徹底頭大了。好久沒練臂力扛鐵錢了，現在哪有那個體力啊！很快地，要求恢復交子的呼聲越來越大。在大家的呼籲下，宋朝官府終於決定恢復交子，但是為了管控風險，交子的發行只能由國家掌控。

如此一來，真正富含意義的紙幣，終於誕生了。

不過，中國的紙幣之路並非因此一帆風順。有時，紙幣貶值幅度過大，讓人崩潰。比如宋徽宗為籌措巨額軍費，超額發行交子 **5**，導致交子的價值一瀉千里，貶值了幾乎 75%，也就是錢不值錢的意思。**7** 本來可以買 100 個糖人的交子，現在只能買 25 個糖人，是不是很氣人？

北宋紙幣銅版拓片臨摹圖 **6**

有時，紙幣的風頭甚至會蓋過金屬貨幣。比如元朝禁止使用銅錢，發行了名為交鈔的紙幣。

1.唐德宗（西元780～783年）時實行兩稅法，賦稅以錢計算，導致錢貴物賤的局面。許多人囤積銅錢，進而導致產生「錢荒」現象。

2.唐代藩鎮在京城所設的辦事處，也是存儲錢物、經營飛錢業務的地方。

3.指由朝廷派往地方，專門負責經濟和財政等某一政務的官員，如鹽鐵轉運使。

4.《宋史》：「京畿民牛暉擊登聞鼓，訴家奴失豭豚一。詔令賜千錢償其直，因語宰相曰：『似此細事悉訴於朕，亦為聽決，大可笑也。然推此心以臨天下，可以無冤民矣。』」

5.宋徽宗崇寧四年（西元1105年），交子改名為「錢引」。

6.這是一張宋代發行的紙幣，圖中的文字為「除四川外，許于諸路州縣公私從便主營，並同見錢七百七十陌流轉行使」，意思是這張紙幣只能供在四川以外的各路、州、縣的官家、私人使用，面值為770陌（宋太宗時，77文為1陌，770文為1貫，770陌應為10貫）。

7.錢引兩年換發一次，西元1107年，新錢引以1：4的比率兌換舊錢引，錢引貶值。

機智
問答

　　元朝紙幣流通的盛況：馬可·波羅曾經順著絲綢之路來到中國，他看到了元朝紙幣的流通，非常震驚。人們竟然只用幾張紙就可以買到自己想要的東西。在自己的筆記《馬可·波羅遊記》中，他不禁流露出自己的不可思議：「不管走到哪兒，都可以用紙幣進行支付。」也就是說，除了珍珠、寶石、金銀之外的一切物品都可以用紙幣購買。

10. 古代紙幣如何防偽？

現在有假幣，古代也有假幣。真幣和假幣之間的戰爭，從貨幣誕生之日起就開始了。現代紙幣有一套完整的防偽技術，那古代呢？

從古至今，不論東方或西方國家，人們為了打擊貨幣造假做了各種嘗試，可說是絞盡腦汁。以紙幣為例，如果想要杜絕假幣，首先當然是要用一些獎懲措施讓偽造者知難而退。

一開始，官府對造假行為的處罰並不算重。比如宋太祖在位時期，官府也就是打打造假者的屁股，或者將他們流放到邊疆做苦役罷了。但是，一本萬利的造假行當，利潤何其豐厚，任誰也想富貴險中求！於是，市面上一時之間假幣橫行。氣憤的官府下手越來

越重,後來乾脆將懲罰措施直接印在紙幣上。造假者照著紙幣進行偽造的時,看到「私鑄錢者絞」類似的警告,不知道心理壓力會不會更大一些?

處死	杖責	絕不赦免
印刷假幣,不光要被處死,而且所有的家產都會被沒收。	明知有人偽造紙幣卻未舉報,會被打屁股(杖責)77下。	哪怕皇帝遇上高興事,大赦天下,造假幣的人也不在被赦免的名單上。

問責	獎賞
沒抓到造假者的官員們,也會被牽連受懲罰。	老百姓告發造假幣的人,將可得到豐厚賞金。

其次，和現在的紙幣一樣，古人也會運用一些防偽技術來提高造假難度。

古人想了很多辦法，大致如下：

1. 使用特殊的材料造紙，不許民間採購 **1**。
2. 和現代紙幣類似，在紙幣上印刷特殊的浮水印。
3. 把印錢用的模子製作得非常精美，難以模仿。
4. 使用多種顏色進行套印，提高仿造難度 **2**。
5. 清朝人開始在紙幣上使用編號來防偽，不過那時候還沒有阿拉伯數字，是用《千字文》來編號。

上面提到的編號是什麼意思呢？

你可以找爸爸媽媽要一張鈔票看看，現在的鈔票上都會有冠字和號碼，記錄的是新台幣的發行序號。每一張新台幣上的編號都是獨一無二的，這就像我們每個人都有一個獨一無二的身份證字號一樣。這是一種管理貨幣發行的方法，也是一種可以進行防偽的技術。如果某人拿到兩張編號一樣的鈔票，那就說明其中有一張是假鈔。

鑄造假幣的人沒有這麼精細，他們要用最低的成本創造最多的利潤。所以，他們雖然要追求偽造得像，但在生產流程上往往能省就省。他們一般會直接把編號刻在範本上，因此印出來的假幣編號都一樣，只要把一樣編號的錢分開後再跟真錢混合使用，就不容易露出馬腳。

清朝的紙幣上也有冠字號碼，只不過不是用數字來編號的，而是用《千字文》。

但是，為什麼要用《千字文》呢？

一是《千字文》流傳廣泛，婦孺皆知。那時候，《千字文》是孩子們的啟蒙讀物，就像我們現在的小學教材一樣。另外，《千字文》讀起來朗朗上口，極富韻律感，非常容易背誦。所以當時的人多少都能背上兩段。

二是《千字文》有一個非常厲害的地方—整篇沒有重複的字 3。用它編號時就不會重複，不容易產生歧義。人們很快就能看出自己眼前的這張錢是哪個批次的。

比如，這張圖中的紙幣冠字號碼是「兵字第三萬

九千七十一號」。這批紙幣的冠字是「兵」。古人讀到「兵」就會想到《千字文》「家給千兵」一句，於是他們一下子就能明白，原來這批紙幣的印刷批次是「家給千兵」。

從理論上講，如果把《千字文》的一千個字全部用上，便可發行一百萬張紙幣而不會重覆號碼。不過當時的印刷技術有限，不能用機器自動印刷冠字後的編號。所以，那一長串編號，都得單獨手寫或是用蓋章的方式解決，嚴格說來還是挺麻煩的。

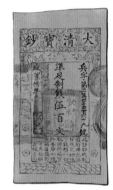

大清寶鈔臨摹圖 4

---

1. 宋代使用「楮皮」當作紙的原料，現在楮皮紙製作工藝已成為中國的非物質文化遺產。

2. 起初，中國的多色套印技術多用於布帛、畫作。待宋代出現交子後，交子也用朱、墨兩種顏色套印圖案或用印章來防偽。

3 這裡指的是繁體版本的《千字文》。

4 該圖是咸豐五年發行的大清寶鈔，冠字為「兵字第三萬九千七十一號」，中間的文字為「准足製錢伍百文」，意思是紙幣的面額是五百文。

11. 西方紙幣的誕生……

紙幣在西方誕生的時間要比中國晚一些。

西方第一個發行紙幣的國家是瑞典，那已是 1661 年前的事情了。但當時的發行機制並不成熟，所以只持續了十幾年。

之後，西元 1694 年，英格蘭銀行（Bank of England）成立，英國從美國手裡接過了西方紙幣發行的接力棒。

英格蘭銀行是由蘇格蘭商人威廉・佩特森爵士（Sir William Paterson）提議成立的，這是一家私人銀行，不過它的主要業務之一，是幫英國政府籌措戰爭資金。當時，登上王位的威廉三世需要大量軍費來應對與法國之間的戰爭 1。稅收就那麼多，要去哪裡弄

錢呢？他想到了借，而且最好是以較低的利息借到軍費。威廉‧佩特森看到了其中的商機，成立了英格蘭銀行，並向威廉三世提供了大額借款。而英國政府不需要歸還本金，只需要每年支付一點利息和 4,000 英鎊的管理費。戰爭勝利後，作為回報，英國政府給了英格蘭銀行獨家發行**銀行券**的權利。

你可能會好奇，銀行券是什麼呢？對英格蘭銀行來說， 銀行券為什麼那麼誘人呢？

用金屬貨幣兌換了銀行券的人們，可以隨時拿著銀行券去銀行無條件兌換等額的金屬貨幣，而且還能掙到一點利息。這很像現在銀行的存款業務。

通過這種方式吸納了大量金屬貨幣的英格蘭銀行，可以把這些錢借給威廉三世，還可以把多餘的錢借給有需要的人，他們為此需要支付給英格蘭銀行更高額的利息。這就像現在銀行的貸款業務。

比如，一個麵包店老闆在英格蘭銀行存了 10 個金幣，每年的利息是 3%。待一年期滿，麵包店老闆可以取回 10 個金幣，並收到 $10 \times 3\%$，也就是 0.3 個金幣作為利息。

　　拿到了 10 個金幣的英格蘭銀行，把這 10 個金幣借給了一個酒商。酒商一年要支付銀行 4% 的利息。待一年期滿，除了 10 個金幣外，酒商還需要給英格蘭銀行 10×4%，也就是 0.4 個金幣。

　　0.4–0.3 ＝ 0.1，這一筆生意，英格蘭銀行賺到了 0.1 個金幣。有沒有一種「賺差價」的感覺？

　　因為有威廉三世和國家為這家私人銀行保駕護航，大家都覺得英格蘭銀行有信譽，不用擔心它倒閉，它的銀行券很快就受到了大眾的歡迎。這些銀行券攜帶方便，可比帶著沉重的金幣、銀幣方便多了。銀行券像紙幣一樣流通起來，通過這種方式，英格蘭銀行可說是賺翻了。

　　銀行券便是紙幣的前身。

　　受銀行券的啟發，蘇格蘭人約翰‧羅（John Law）想到一個絕妙的主意。約翰‧羅是誰呢？

　　他是金匠的兒子。在他小時候，金匠就像西方民間的非專業銀行家。那時，金匠可以幫人們保管銀幣、金幣，並給客戶開具一種叫作「**金匠券**」的票據。這和英格蘭銀行發行的銀行券很像。一些金匠發現每天

來兌換金匠券的人並不多，就偷偷把錢借給有需要的人，並收取利息。耳濡目染，約翰‧羅對金融產生了莫大的興趣。

約翰‧羅

學金融需要數學能力。約翰‧羅喜歡計算和概率，他會煞費苦心地研究擲骰子時為什麼 7 對 10 或 4，比 7 對 8 或 6 對 5 出現的概率更高。正因為對數學的狂熱，他成為當時最傑出的賭徒。

約翰‧羅認為，銀行券最終還是要兌換成金屬貨幣的，而銀行既然有政府保駕護航，得到了人民的信任，就可以發行一種真正的紙幣。只要所有人都相信它具有價值，可以買東西，那它和金幣、銀幣就沒有任何區別。紙幣的製作不需要金和銀，所以成本會非常低廉。通過發行紙幣，銀行和國家都可以賺取巨額利潤。而通過控制紙幣的發行，國家也可以很好地調節經濟。

於是，約翰‧羅主動接近法國當權者，靠著自己的才華和遠見，成功獲得了奧爾良公爵的信任。1716

年，他如願以償地成立了私人銀行——通用銀行，並從法國政府那裡取得了發行紙幣的權利，開始發行真正的紙幣。這時，距離英格蘭銀行成立過了二十多年。1718 年，通用銀行華麗變身，成為國有銀行，並更名為皇家銀行。

　　通用銀行發行的紙幣，成為法國的官方流通貨幣。

我是金匠，別人也叫我「早期銀行家」。我開具的金匠券，也可以在市場流通，但範圍有限。

我是威廉‧佩特森，我發行了銀行券，這種券一開始「長得」比較大，和票據很像。它們差一點就成為紙幣。

我是約翰‧羅，我爸爸一定會以我為傲，因為我發行了真正的紙幣。

不過，西方的紙幣之路和中國的一樣，並非一帆風順，發展過程中也出現過各種問題，比如：

　　我發行的紙幣後來信用破產，變成廢紙，我也成為逃犯。

1825 年，受倫敦金融危機影響，好多人來英格蘭銀行用紙幣兌換黃金。害我們差點倒閉。還好我們四處籌集黃金，滿足所有人的兌換要求，艱難地挺了過去。這估計是每個銀行最害怕的事情了！

　　我們美國竟然對銀行數量和貨幣沒有什麼限制，19 世紀初，我們有七百多家銀行，七千多種紙鈔。市場上同時流通這麼多種類的紙幣，太可怕了。

第二次世界大戰期間，為了搞垮我們英國的經濟，德國製造了價值 1.35 億英鎊的假鈔。為了消滅這些假鈔，我們花了很多年時間才完成。

　　你看，小小的紙幣看似簡單，它的旅程竟然也有如此多的波折。請你想一想，發行紙幣為什麼會遇到這麼多問題？政府又該怎麼解決呢？

---

1. 指西元 1689 ～ 1815 年英法兩國因爭奪海外領地、維護歐陸均勢的戰爭，史稱第二次英法百年戰爭。

12. 錢變成了 0 和 1

　　從貝幣、黏土代幣到金屬貨幣、紙幣，貨幣的形態經歷了一次又一次的改變。如今，我們不需要拿著任何具有形態的貨幣就能完成支付，這是多麼令人震驚的變化！

　　你有沒有想過，是什麼讓貨幣產發生如此之大的變化？答對了，是技術。如果沒有金屬冶煉和鍛造技術，金屬貨幣就不會產生；如果沒有成熟的造紙術和印刷術，我們也就不會有攜帶輕便的紙幣；如果沒有工業革命，硬幣也不可能被有效率地量產，更不可能製造得如此精美。

　　我們把目光轉移到現代，你的爸爸媽媽是否曾跟你們說過，在他們小時候，他們的爸爸媽媽會將錢存

進銀行**存摺**裡。但存摺不能直接拿來交易，需要到銀行用存摺取出現金，再拿現金去買東西。存摺就像個小帳本，頁數很少，每次都需要把存錢和取錢的交易資訊列印在上面，存取沒幾次，存摺就印滿了。

之後，人們有了**金融卡**。小小的一張卡片，用起來方便許多。但一開始，它也只是比存摺高級一點點的物品，就是不用在存摺上面列印交易資訊。不過，使用金融卡也有麻煩，因為若記性不好，人們會很容易忘掉自己的金融卡裡有多少錢？

幾十年後，商店裡的 POS 機（商場前臺收銀管理系統）越來越多，可以隨時刷金融卡付錢。我們還可以進行線上付款，在電腦上登錄自己的銀行帳戶，進行交易。

又過了幾年，購物越來越便捷，輸入指紋或付款密碼就可以買單。手機也越來越「聰明」，可以綁定金融卡，讓我們隨時隨地進行付款。有時人們甚至只需按下手機，或者刷一下臉部，辨識系統就能將你存在銀行帳戶裡的錢「飛」進商家的指定帳戶裡。

就這樣，錢變成了一堆 0 和 1。但這些支付給商家的錢是基於你存款裡的金額的，如果你的帳戶餘額不足，那你就買不了東西。當然，如果你的年齡、收入、信用額度達到了可以開通信用卡的要求，你就可以使用信用卡進行借貸。信用卡是商業銀行或者信用卡公司簽發的，可以讓你先消費，後還款。但是信用卡有風險，提醒大家要量力而為。

　　錢從硬幣或紙幣的形式轉變為以信用卡為載體，VISA（知名信用卡品牌）的創始人、前首席執行官狄伊‧沃德‧哈克（Dee Ward Hock）功不可沒。

　　哈克從小就是一個性格叛逆的孩子，他不喜歡被條條框框束縛，只做一個好好學習的乖孩子。於是在他 14 歲時，他謊報年齡，為自己謀得了許多諸如搬運工之類的工作，成功賺到人生的第一桶金。長大後，他在不同的金融機構裡工作，超強的創新能力和組織經營能力讓他很快地便在在工作中嶄露頭角。可惜的是因為他的創新思想太超前，抱有舊思想和

狄伊‧沃德

官僚作風嚴重的領導們，往往都不認可他的想法。

直到他 36 歲時，哈克迫於生計，在美國一家銀行裡找了一份實習生的工作，每天只是做做簡單的助理工作。雖然成為銀行裡的一個「閒人」，但在接下來的十幾年裡，他從未放棄想要發光發熱、實現價值的雄心。

一個偶然的機會，哈克接觸到了銀行的信用卡業務。終於讓他找到了最適合自己的位置。

一切開始變得不一樣了。

20 世紀 60 年代，雖然銀行已經採用了電腦技術，但是，這種技術只用於進行繁雜的計算。銀行與銀行之間界限分明，如果不同銀行要進行一次財務清算，那絕對是一場惡夢。這需要很多人去進行分類處理，然後用笨拙的郵政系統把這些帳務寄出去。

哈克並不懂先進的電腦技術，但他具有超前的眼光。他認為金錢一定會以虛擬的數位形式，真正自由地、沒有壁壘地流通起來。

他開始主張打破銀行之間的界限，簡化使用信用卡支付時的複雜流程。在他和其他銀行的推動，以及

電腦技術的說明下，人類開始迎來史無前例的交易時代……。

刷信用卡比用現金支付更快捷、方便。無論我們使用的是哪家銀行的金融卡，無論商家的帳戶設置在哪家銀行，我們都能毫無障礙地快速支付和結算。用現金支付的人越來越少，我們的錢變成了一串串數位，「居住」在存摺、金融卡，以及一些智慧設備裡面。

如果一個人從 1990 年穿越到現在，他一定會認為這個世界處處充滿了魔法。我們用手機支付一切，在網路商店購物。以前，人們會看到錢從手中遞出去，換回食物、衣服，或是一些生活用品，能夠看到自己

的錢包慢慢變得越來越空。反觀現在，只需幾秒鐘，
一次交易就已經完成。

　　這真是一個翻天覆地的偉大時代。

13. 數字貨幣都是好的嗎？

　　我們現在雖然用金融卡、手機支付，錢看上去好像變成了電腦裡的數位。但是這些錢，都是基於實際存在的貨幣而來。那未來是否有一種可能，我們可以直接發行數字貨幣呢？

　　答案是真的可以，而且已經有人這麼做了。

　　我們生活的時代裡，正在迎來一場貨幣革命。

　　提到數字貨幣，很多人腦子裡第一個冒出來的就是比特幣。

　　2008 年，一位名為中本聰（Satoshi Nakamoto）的人在互聯網上發表了一篇利用區塊鏈技術管理比特幣的文章。

　　區塊鏈是什麼呢？

區塊鏈指的是由互聯網上的多台電腦共用交易記錄，相互監視並把資料像鎖鏈一樣連結起來進行管理的技術。資料塊在互聯網上每 10 分鐘被記錄一次並以鎖鏈的形式進行保存，因此無法篡改，這也保證了比特幣的安全性。

中本聰提出應該擺脫中央銀行的監管，讓個人或企業可以自由地在互聯網上創造數字貨幣。此外，因為比特幣的發行量有限，所以不會出現通貨膨脹的問題。

聽起來倒是不錯，但比特幣真的有那麼好嗎？你覺得呢？

就像你想的一樣，比特幣確實有些問題：

1. 無論台灣還是美國，日本還是俄羅斯……各國

聽起來是不是有點暈？沒關係，你只要記住，這是一種能保證貨幣唯一性和安全性的加密技術就好了。

中本聰：「中本聰」並不是這位神秘人的真名，所以他具體是誰，到底是一個人還是一群人，真相不得而知。

發行的貨幣背後都有一個強大的國家，由國家來保障自己所發行的貨幣的信譽和價值，保證無論什麼時候，我們都可以用自己手上的錢去購買相應的東西。但比特幣的背後什麼也沒有，也不具備貨幣非常重要的屬性—信譽。

2. 比特幣是一種虛擬貨幣，它很容易受到駭客的攻擊 **1**，滋生詐騙等犯罪行為 **2**。

3. 比特幣的幣值不穩定，容易暴漲暴跌。短期內比特幣的波動甚至能達到一萬美元左右。

隨著比特幣這樣的民間數字貨幣的大熱，各個國家紛紛開始考慮發行官方數字貨幣。

投機		我投資了一些比特幣，因為它很火，鐵定有人會買。我要趁機賺一筆。
洗錢		我做了一些壞事，賺了一些黑錢，這些錢見不了光，我得把它們變成比特幣，然後賣掉，通過這種方式把它們變成「乾淨」的錢。
非法交易		我靠幫別人做壞事賺錢，為了不讓人發現我和雇主之間的骯髒交易，我只接受比特幣作為報酬。

　　數字貨幣一定是未來的大勢所趨，而我們每個人都將加入這場偉大的貨幣革命中。

　　你做好準備了嗎？

1.2014 年，比特幣交易平臺 Mt. Gox 被駭客攻擊，損失巨大，比特幣幣值因而下跌。

2.2013 年，一個名為 GBL 的比特幣交易平台利用高收益作為誘餌，誘騙大批投機分子利用現金投資比特幣，最後捲款潛逃。

少年遊 011

馬小跳財商課 1：貨幣的起源

作　　者—楊紅櫻
視覺設計—徐思文
主　　編—林憶純
行銷企劃—蔡雨庭

第五編輯部總監—梁芳春
董 事 長—趙政岷
出 版 者—時報文化出版企業股份有限公司
　　　　　108019 台北市和平西路三段 240 號
　　　　　發行專線—（02）2306-6842
　　　　　讀者服務專線— 0800-231-705、（02）2304-7103
　　　　　讀者服務傳真—（02）2304-6858
　　　　　郵撥— 19344724 時報文化出版公司
　　　　　信箱— 10899 臺北華江橋郵局第 99 信箱
時報悅讀網— www.readingtimes.com.tw
電子郵箱— yoho@readingtimes.com.tw
法律顧問—理律法律事務所　陳長文律師、李念祖律師
印　　刷—勁達印刷有限公司
初版一刷— 2023 年 6 月 30 日
定　　價—新台幣 280 元

時報文化出版公司成立於 1975 年，並於 1999 年股票上櫃公開發行，於 2008 年脫離中時集團非屬旺中，以「尊重智慧與創意的文化事業」為信念。

馬小跳財商課 1：貨幣的起源 / 楊紅櫻 . -- 初版 . -- 臺北市：
時報文化出版企業股份有限公司, 2023.06
　　104 面；14.8*21 公分 . -- （少年遊）
ISBN 978-626-353-809-2（平裝）
1.CST: 理財 2.CST: 兒童教育 3.CST: 通俗作品
　　　563　　　112006428

ISBN 978-626-353-809-2　　　　　　　　Printed in Taiwan